Todo el mundo tiene una

casa

Nancy Kelly Allen

rourkeeducationalmedia.com

*Escanea el código para descubrir
títulos relacionados y recursos
para los maestros*

Enfoque de la enseñanza:
Etiquetas y subtítulos: ¿Cómo te ayudan las etiquetas y los subtítulos mientras lees este libro?

Antes de leer:

Construcción del vocabulario académico y conocimiento del trasfondo
Antes de leer un libro, es importante que prepare a su hijo o estudiante usando estrategias de prelectura. Esto les ayudará a desarrollar su vocabulario, aumentar su comprensión de lectura y hacer conexiones durante el seguimiento al plan de estudios.
1. Lea el título y mire la portada. *Haga predicciones acerca de lo que tratará este libro.*
2. Haga un «recorrido con imágenes», hablando de los dibujos/fotografías en el libro. Implante el vocabulario mientras hace el recorrido con las imágenes. Asegúrese de hablar de características del texto tales como los encabezados, el índice, el glosario, las palabras en negrita, los subtítulos, los gráficos/diagramas o el índice analítico.
3. Pida a los estudiantes que lean la primera página del texto con usted y luego haga que lean el texto restante.
4. Charla sobre la estrategia: úsela para ayudar a los estudiantes mientras leen.
   - Prepara tu boca
   - Mira la foto
   - Piensa: ¿tiene sentido?
   - Piensa: ¿se ve bien?
   - Piensa: ¿suena bien?
   - Desmenúzalo buscando una parte que conozcas
5. Léalo de nuevo.
6. Después de leer el libro, complete las actividades que aparecen abajo.

Área de contenido Vocabulario
Utilice palabras del glosario en una frase.

carpa
cúpula
geres
iglús
pilotes
tepes

Después de leer:

Actividad de comprensión y extensión
Después de leer el libro, trabaje en las siguientes preguntas con su hijo o estudiantes para comprobar su nivel de comprensión de lectura y dominio del contenido.
1. *¿Qué tipo de herramientas se necesitan para construir algunas de las casas que aparecen en el libro?* (Infiera).
2. *¿En qué tipo de casa vives? ¿En qué casa te gustaría vivir?* (Texto para conectar con uno mismo).
3. *¿Las casas se construyen sólo sobre la tierra? Explica.* (Haga preguntas).
4. *¿Por qué crees que algunas casas en Noruega tienen hierba en el techo?* (Infiera).

Actividad de extensión
Haz un tablero con ideas, una maqueta o plan para tu casa futura. Haz una imagen o maqueta de ella usando imágenes de revistas, Internet y con varios implementos de arte y de manualidades. Comparte el diseño de tu casa con tus compañeros de clase, maestros o padres.

¿La casa de tus sueños está en un árbol?

Alrededor del mundo, mucha gente vive en casas de ladrillo, madera o piedra.

La gente vive en muchos tipos de casas.

En Nueva Guinea, algunas personas construyen casas en las copas de los árboles.

En Panamá, algunas **casas** están construidas sobre pilotes en el agua.

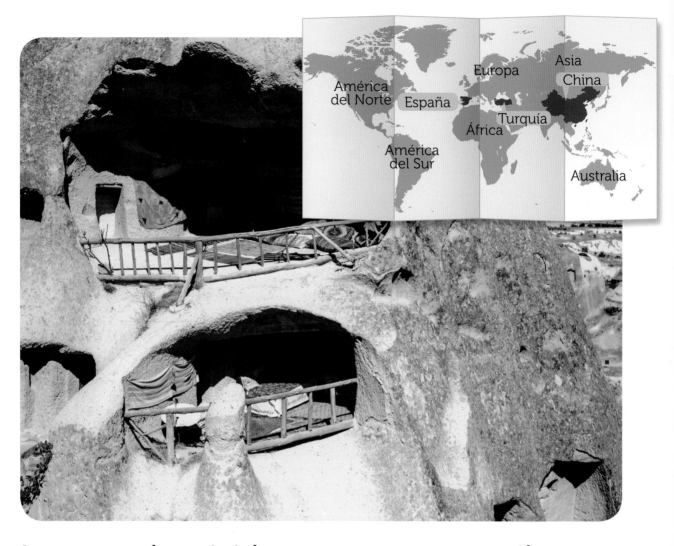

La gente ha vivido en cuevas por miles de años. Estas casas fueron talladas en rocas.

Millones de personas en China viven en cuevas. En Turquía y España hay gente que también vive en cuevas.

Los **iglús** son casas construidas con bloques de nieve. Algunas personas en Groenlandia, Islandia y Alaska viven en iglús.

Las casas de nieve tienen forma de **cúpula**.

Una ger es una casa tipo **carpa** en forma
de círculo.

En Mongolia, la gente lleva sus **geres** de un lugar a otro en camellos.

En África, China y otras partes del mundo se usa barro para construir casas.

América del Norte

Europa

Asia

China

América del Sur

África

Australia

China

El barro de arcilla se mezcla con paja para hacer paredes fuertes.

América
del Norte

Países Bajos
Europa

Asia

África

Vietnam

América
del Sur

Australia

En Vietnam, algunas casas flotan en el agua.

Los Países Bajos también tienen
una comunidad de casas flotantes.

En Bolivia, algunas casas tienen forma de bellota. Las paredes están hechas con puñados de raíces y tierra.

Los techos de hierba, llamados **tepes**,

cubren algunas casas en Noruega.

Alrededor del mundo, las casas son construidas en distintas formas y tamaños. Muchas casas permanecen en un solo lugar. Otras se llevan de un lugar a otro.

Las casas son diferentes entre sí, pero se parecen en cierto modo. Todas son lugares donde las familias comen, duermen y viven.

Glosario fotográfico

 **carpa**: una casa portátil que se puede desmontar y mover.

 **cúpula**: en forma de media bola.

 **geres**: casas que están cubiertas con fieltro.

 **iglús**: casas construidas con bloques de nieve.

 **pilotes**: palos o postes.

 **tepe**: hierba y tierra unidas.

Índice analítico

Sitios web (páginas en inglés)

www.discoverykids.com/games/room-maker

www.abcya.com/build_a_house.htm

Demuestra lo que sabes

1. ¿Por qué la gente construye diferentes tipos de casas?
2. ¿En qué sentido se parecen las casas?
3. Menciona algunos tipos de casas.

Sobre la autora

Nancy Kelly Allen vive en Kentucky. Su casa está entre los árboles, pero no es una casa en un árbol. Parte de ella es subterránea, pero no es una cueva. Está rodeada de hierba, aunque no en el techo. Vive en una cabaña de troncos con su marido Larry y dos perritos: Jazi y Roxi.

¡Conoce a la autora! (Página en inglés). www.meetREMauthors.com

www.rourkeeducationalmedia.com

PHOTO CREDITS: Cover: © Nejron Photo, Rajesh Patabiraman; Title Page: © Joel Carillet; Page 3: © designpics; Page 4: © majana; Page 5: © Lee Rogers; Page 6: © Sergey Vryadnikov; Page 7: © ildogesto, Vilainecrevette; Page 8: © irinabogomolova; Page 9: © Corbis - How Hwee Young; Page 10: © Ivan Kmit; Page 11: © Marteric; Page 12: © Bartosz Hadyniak; Page 13: © Davor Lovincic; Page 14: © appletreegirl; Page 15 © Jakrit Jiraratwao; Page 16 © 12ee12; Page 17: © Dutch Scenery; Page 18 © Viaje al corazón - Wikipedia; Page 19: © mirisek; Page 20: © Peeter Vilsimaa; Page 21: © Christopher Futcher

Editado por: Keli Sipperley

Diseño de tapa e interiores por: Tara Raymo

Traducción: Santiago Ochoa

Edición en español: Base Tres

Library of Congress PCN Data

Todo el mundo tiene una casa / Nancy Kelly Allen

(Un mundo pequeño para todos, en todas partes)

ISBN (hard cover - spanish) 978-1-64156-338-3

ISBN (soft cover - spanish) 978-1-64156-026-9

ISBN (e-Book - spanish) 978-1-64156-104-4

ISBN (hard cover - english)(alk. paper) 978-1-63430-365-1

ISBN (soft cover - english) 978-1-63430-465-8

ISBN (e-Book - english) 978-1-63430-562-4

Library of Congress Control Number: 2015931702

Printed in the United States of America,
North Mankato, Minnesota